L'ÂME RUSSE

L'ÂME RUSSE

© François Garijo 2017

Dépôt Légal Novembre 2018

N° ISBN : 979-10-97252-11-3

EAN : 9791097252113

L'ÂME RUSSE

Чистая Душа Русская Душа

L'âme Russe

Une âme Pure

Загадочная Русская Душа !
Русские души.
Шагнувшие в вечность.
Дело не в холоде.
Но в огне сердец.
Просто бесконечная нежность !

Mystérieuse âme Russe !
Les âmes Russes.
Entrent dans l'éternité.

Ne sont pas de glace.

Mais dans le feu des cœurs.
Juste dans une infinie tendresse !

A MON SUJET
Обо Мне

Здравствуйте !
Меня зовут Франсуа, мне 53 года.
Для мужчины это расцвет.

Bonjour !
Mon prénom est François, j'ai 53 ans[1].
Pour un homme c'est la fleur de l'âge.

La beauté de l'âme féminine est si parfaite quelle nous semble impossible à imaginer avant que ce sentiment envahisse tout notre être dès la première rencontre au point que nous ne pouvons penser qu'à elle jusqu'à la fin de nos jours, j'ai voulu lui rendre hommage par ces lettres d'amour.

Si la langue française se conjugue dans tous les genres, la langue russe se conjugue dans l'Amour plus que nulle autre, car elle vient des profondeurs de l'âme et n'a pas de limites à son immense tendresse, elle donne aux mots une dimension d'infinie pureté. L'âme Russe est généreuse, une âme pure.

Моё сердце осталось в России

Mon coeur reste en Russie

---

[1] 2017.

La langue Russe donne cette dimension infinie à l'amour.

Ce recueil de lettres de poésie en prose d'amour, ont été réunies en Russie dans la Datcha où j'ai habité durant l'été 2017 :

РОССИЯ

Новгородский округ Ленинградской области.

Старорусский Район

Административный центр Город Старая Русса

175230 Деревня Гарижа

Франсуа Гарижо

Деревня Гарижа в Старорусском муниципальном районе Новгородской области.

Ces documents englobent des messages d'amour que j'ai rédigés fin de l'été 2017. J'ai toujours été convaincu que l'amour et la réciprocité des sentiments font ressortir dans chacun de nous ce que nous avons de meilleur quand nous nous offrons pleinement l'un à l'autre.

Со мной многое возможно с нежностью и добрым отнощением. Нежность живёт на кончиках пальцев.

У тебя- потрясающе красивая душа!

У души человека особый аромат, и притягивает нас к тем или иным людям не внешность, не характер.

К душе коснувшись осторожно, аромат души в паутинку из ласки запутывай своим горячим дыханьем.

Это неполный ответ Ты теперь за меня в ответе.

Как мало человеку надо для счастья, и в тоже время как много! Потому что это самое главное в жизни - когда ты любишь и когда тебя любят! Поверь, я смотрю на тебя, на твою улыбку, и для меня знать, что и ты думаешь обо мне даже иногда, так приятно.

Avec moi beaucoup est possible avec de la tendresse et des douces relations. La tendresse qui vit au bout des doigts, tu as une incroyablement belle âme, et l'âme de la personne a un arôme spécial, qui attire à elle certaines personnes non pas par leur apparence, ni leur caractère. En touchant doucement l'âme, le parfum de l'âme vous enveloppe dans sa toile confusément avec son souffle torride, ce n'est pas une réponse complète, tu dois maintenant me répondre.

Une personne à besoin de si peu pour être heureuse, et de nos jours c'est déjà beaucoup ! Car le plus important dans la vie est quand tu aimes et quand on t'aime en retour, crois-moi, je regarde vers toi et ton sourire et je sais ce que tu penses de moi et cela est déjà tellement plaisant.

INTRODUCTION

Comme un poète russe écrivit, je crois que Dieu nous crée par paires d'âmes sœurs, l'amour à une dimension divine, profonde, spirituelle. On passe parfois sa vie à le chercher souvent après avoir été incapables de voir la personne unique qui se tenait face à nous.

L'amour est beau, complet, absolu, c'est seulement ce que nous faisons et avec qui, qui le dévie de sons sens originel, beaucoup de personnes méritantes et uniques ont brisé tant de cœurs, peut-être même le nôtre, à la recherche de ce bonheur invisible dont nous avons pourtant un besoin vital. Ce bonheur se vit, ou se cherche, il s'oublie parfois.

Pour être heureux il faut pourtant si peu de chose, faire partie l'un de l'autre comme deux moitiés d'un cœur unique, tel un battement unique pour deux vies jointes à jamais, lorsque deux âmes sœurs se trouvent et que le monde tout autour devient invisible.

L'amour à des obstacles, simplement la vie de tous les jours, le travail, la fatigue, l'énergie que nous donnons pour élever nos enfants, l'absurdité de la vie moderne dans laquelle on s'épuise à travailler pour un salaire qui ne suffit à rien, les disputes pour savoir quelles courses acheter pourquoi le linge n'a pas été lavé, pourquoi personne n'a fait le repas, l'égoïsme des gens qui nous entourent et qui ne s'intéressent qu'à eux-mêmes, a des valeurs matérialistes et aux apparences de cette société moderne.

Je crois que la passion dans l'amour persiste quand nous ne vivons pas l'un avec l'autre, mais l'un pour l'autre et que cela est réciproque. De la profondeur des sentiments ressentis nait le ciment de l'union qui la fera résister au temps et à l'environnement, quoi que les gens en disent, aucun ne détient de solution miracle au bonheur et s'ils l'avaient ils l'appliqueraient à eux-mêmes.

L'AMOUR SOURCE DIVINE

Без Бога всё – лишь суета сует.

Проходит время быстротечно.

Сегодня есть, а завтра нет.

И только с Богом всё – навечно!

Монах Варнава (Санин)

Евгений Георгиевич Санин

Sans Dieu - tout est juste vanité.

Le temps passe éphémère.

Il est Aujourd'hui et demain non.

Seulement avec Dieu tout est éternel.

Moine Barnava (Sanin)

Evgeniy Georgievich Sanin

Evgeniy Georgievich Sanin est un moine de l'Eglise orthodoxe russe, dramaturge et poète russe, auteur de nombreux articles, brochures et livres.

Dans un souffle divin je croisai ton regard. Comme ton âme à été belle et généreuse avec moi, riche de tant d'amour. Pour me souvenir de toi, à toi mon amour, Je me souviens toujours de l'attention et de la chaleur que tu m'as accordée!

Для тебя моя Любовь !

Я всегда помню отданное мне твое тепло и заботу.

Щедрая душа Чистая Душа.

Русская Душа

François Garijo

L'ÂME RUSSE

Красивая женская душа умеет любить так беззаветно и трепетно своего мужчину.

Мне хочется чтобы ты сходила с ума от моей нежности и душевности.

И ещё я буду очень заботливым и внимательным для тебя.

Я буду.

Никогда ты меня не покидала, даже на расстоянии.

Ты всегда обнимала меня.

Ты смотрела на меня.

Ты желала меня.

Я знаю, что ты хочешь меня.

Я всегда был твой !

Так спокойно и нежно как сейчас, не было ранее.

Сейчас очень нежные, гармоничные отношения между нами.

Наша нить никогда не порвется между нами...

Une belle âme féminine sait aimer de façon désintéressée et en silence son homme.

Je voudrais que tu ressentes ma tendresse et mon âme tendre, à la folie.

Et je serai encoure plus savoureux et protecteur pour toi.

Je serai.

Jamais tu ne m'as quitté, même malgré la distance.

Tu prenais soin de moi. Partout, tu regardais pour moi.

Tu me désirais.

Je sais que tu me veux.

J'ai toujours été tien !

Aussi paisible et tende comme maintenant jamais ne fut auparavant. Désormais tout n'est qu'une harmonieuse tendresse entre nous dans les relations.

Notre lien ne se cassera jamais entre nous ...

Ты все что есть у меня!
Мир без тебя для меня пустыня.

С тобой так все вкусно и нежно.

Ты такая вкусная и сладкая.

Ты моя поэзия.

С тобой жизнь прекрасна.

Мой мир полностью заполнен тобой.

Ты легко ранимая, так же как и я.

Я люблю тебя, как море любит солнечный восход.

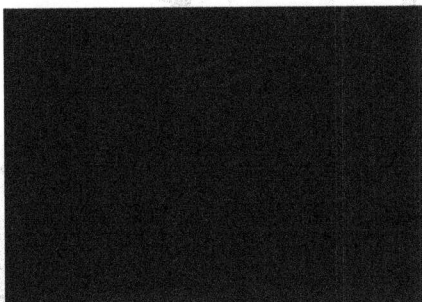

Tu es tout ce qui est en moi !

Le monde sans toi est vide.

Avec toi tout à du goût.

Tu es telle, goûteuse et sucrée.

Tu es mon unique.

Avec toi la vie est splendide.

Mon monde est complètement rempli de toi.

Tu es facilement vulnérable, tout comme moi.

Je t'aime comme la mer aime le lever du soleil.

Наверное я всегда буду твой.

В твоей душе, в твоих мыслях, в твоей памяти.

Я думаю, то что было и есть между нами и еще будет - это так душевно и нежно.

Думаю вряд ли такое может уже повториться с кем то другим для тебя и для меня.

Какое счастье иметь подругу, которая понимает тебя, разделяет твои взгляды, вкусы. К которой ты испытываешь необъяснимое чувство нежности.

Probablement, je serai toujours à toi.

Dans ton âme, dans tes pensées, dans ta mémoire.

Je pense que ce qui est arrivé entre nous ne sera plus jamais de nouveau, c'est si doux et si paisible.

Je pense qu'il est peu probable que peut être cela puisse se reproduire une seconde fois avec quelqu'un d'autre pour toi et pour moi.

Quelle chance d'avoir une amie comme toi, qui te comprend, qui illumine ton regard, ton goût. Avec laquelle tu ressens inexplicablement, un sentiment de tendresse.

У меня такое ощущение, что это словно не со мной всё, или это во сне. Я так долго ждал этого.

Если это пришло мне от Боженьки, то слезы мои теперь будут слезами радости.

Я знаю, ты со мной так долго, потому что моя душа похожа на твою. И я тебя люблю очень сильно!

Когда с тобой говорю, хочется прижаться к тебе нежно и чувствовать тебя.

И чтобы это не кончалось никогда.

J'ai une telle sensation, que je n'ai pas tout avec moi, c'est dans un rêve. J'attendais cela depuis si longtemps.

Et cela est venu à moi de Dieu, maintenant mes larmes seront des larmes de bonheur.

Je sais que tu es avec moi depuis si longtemps car mon âme est identique à la tienne. Et je t'aime tres fort !

Quand je parle avec toi, je souhaiterais venir à toi tendrement et te sentir.

Et que cela ne se termine jamais.

Ты почувствовала при нашем с тобой общении, что дверь души открыта!

Больше невозможно было жить, не увидев тебя!

Нам обоим очень нужна эта встреча. Нам хочется нежности и душевного тепла, тихого человеческого счастья.

Я думаю у нас с тобой получится нежно любить друг друга.

Ты очень чувствительная, душевная очень ранимая, наверное, мы живем друг другом.

Наши судьбы и сердца соединились, такие вещи очень милые для души. Наши сердечки - твое и мое, стучат в унисон, чувствуют любовь.

Tu ressentais que dans notre conversation, la porte vers notre âme était ouverte !

Il était impossible de vivre davantage sans te voir !

Nous avons vraiment besoin tous les deux de cette rencontre. Nous voulons de la tendresse de la paisibilité et de la chaleur, doux bonheur humain.

Je pense que nous obtiendrons avec toi un tendre amour de l'un pour l'autre.

Tu es si sensible, tendrement paisible, d'évidence si vulnérable, nous vivons l'un pour l'autre.

Notre destin est comme deux cœurs enlacés, ces choses sont si bonnes pour l'âme. Nos deux petits cœurs - le tien et le mien, battent à l'unisson, ressentent l'amour.

Мы очень сильно соскучились друг по другу.

Я еще тогда не знал, что у нас с тобой будет так много нежности, желания и любви друг к другу.

С годами все больше и больше.

Будет приятно каждый день в тебя влюбляться все больше и больше. Мы оба не можем жить друг без друга.

Я с каждым днем чувствую всё больше нежности к тебе. Ты всё ближе и роднее для меня с каждым днем.

Nous nous languissons si fort l'un de l'autre.

Auparavant, je ne savais pas avec toi, qu'entre nous il y aurait autant de tendresse et de désir et d'amour l'un pour l'autre.

De plus en plus au fil des ans.

Tout sera plaisant chaque jour avec toi amoureusement de plus en plus et encore plus. A nouveau nous ne pouvons pas vivre l'un sans l'autre.

Chaque jour je ressens en moi de plus en plus de tendresse pour toi. Tu es pour moi de plus en plus proche et chère chaque jour qui passe.

Словно наши судьбы, нежность, ожидание и желание - всё переплелось и соединилось.

Найти друг друга среди миллионов тысяч лиц, и не потерять - это большой дар и я благодарю за него жизнь! Я сделаю всё, чтобы никогда не потерять тебя! И я счастливый человек, ведь такая любовь, искренняя и настоящая, дается в жизни только раз.

Я тобой очень дорожу, любимая.

Давай дарить друг другу любовь и романтику, радуясь каждой минутке, когда мы вместе.

Я без тебя больше не смогу жить, не смогу дышать, не смогу существовать!

Родная Моя, если бы можно было описать все те чувства, которые мне дарит любовь к тебе.

Я очень искренен с тобой.

Это чувство, ради которого стоит жить!

Notre destin, la tendresse, l'attente et le désir étroitement ensemble et unis.

Trouver l'autre parmi des milliers de millions de personnes, et ne pas le perdre est un grand cadeau et je remercie la vie pour cela ! Je fais tout pour ne jamais te perdre ! Et je suis une perseonne heureuse, parce que cet amour est sincère et réel, n'est donné par la vie qu'une seule fois.

Je te chéris très fort, mon aimée.

Allons-y donnons-nous l'un à l'autre l'amour et la romance, en appréciant chaque instant ensemble.

Sans toi, je ne peux plus vivre davantage, je ne peux pas respirer, ne peux pas exister !

Ma chérie, si je pouvais décrire tous les sentiments que me donne l'amour que j'ai pour toi,

Je suis très sincère avec toi.

C'est un sentiment de joie en vie !

Я очень дорожу нашими добрыми, нежными и очень близкими отношениями!

Я тебя никогда не хочу терять.

Ты единственный светлый и теплый лучик надежды и любви в моей жизни.

Я не представляю жизни без тебя !

Мы согреем друг друга душевным теплом.

У каждого своя осень.

У кого-то мокрая, холодная.

А нас с тобой теплая, уютная.

С ароматом горячего чая.

А можно и без касаний Друг друга потрогать души.

А можно и без признаний, сердцебиение слушать.

С тобой очень сыльно стучить сердце.

Жить нужно ради тех, кому ты нужен постоянно, а не временно. Главное в жизни не богатство и деньги, а чтобы родные и близкие люди всегда были рядом здоровые и счастливые.

Je chéris très fort nos douces et tendres et très intimes relations !

Je ne veux jamais te perdre, tu es le seul rayon de lumière chaude d'espoir et d'amour dans ma vie.

Je ne peux pas m'imaginer la vie sans toi !

Nous nous réchauffons l'un l'autre de la respiration de notre corps.

Chacun a son propre automne.

Pour quelqu'un il est humide, froid.

Mais nous sommes avec toi chaleureux et confortables.

Avec l'arôme du thé chaud.

Il est possible sans contact de se toucher mutuellement l'âme.

C'est possible et sans confession en écoutant son cœur.

Avec toi le cœur bat très fort.

Nous devons vivre pour ceux qui ont besoin de toi tout le temps, plutôt que temporairement.

La chose principale dans la vie n'est pas la richesse l'argent, mais des personnes proches qui seront toujours à côté de nous en bonne santé et heureuses.

Лишь от осознания, что ты рядом, каждое мгновенье пропитано счастьем.

И еще хорошо всегда жить ради кого-то; отдавать, нежели принимать; и еще душа радуется, когда у любимого человека всё хорошо, он жив и здоров.

Я буду с тобой соединяться в знаках любви и желаниях.

Ты полюбила мою душу. Твоя душа похожа на мою, поэтому мы с тобой вместе.

Мы не можем друг без друга находиться долго.

Seulement par la compréhension, tu es à côté et chaque instant est saturé de bonheur.

Et il est si bon de vivre pour quelqu'un d'autre, pour donner, et ne rien désirer recevoir, et l'autre âme se réjouit, quand la personne aimée va bien et est en bonne santé.

Je vais communiquer avec toi avec tous les signes de l'amour et du désir.

Tu as aimé mon âme. Ton âme est semblable à la mienne, voilà pourquoi toi et moi sommes ensemble depuis si longtemps.

Nous ne pouvons pas être longtemps l'un sans l'autre.

Щекочет нежностью дыхание твоё.

Я пытался забыть не раз.

Я отдаю тебе ключи от своего сердца.

ЭТО МОЯ СЛАБОСТЬ

Я буду ждать, для остальных закрою дверцы.

Я хотел утонуть в твоих глазах.

Время боль не лечит а мне так больно больно сердцу без тебя.

И без тебя душа моя не может.

Ведь я ТЕБЕ ключи от сердца отдал.

Я не знаю за что мне это послано, судьбой.

Об одном я прошу- не забудь,

Ты теперь за меня в ответе.

Наверное.

Целую стук твоего Сердца.

Chatouillement de la tendresse de ton souffle…

Je pensais oublier et pas seulement qu'une fois.

Je te donnerai les clefs du cœur.

CECI EST MA FAIBLESSE

Je vais t'attendre et fermer la porte aux autres.

Je voulais la chaleur de tes yeux…

Le temps ne guérit pas la douleur … j'ai tellement mal…j'ai si mal à mon cœur sans toi.

Et sans toi mon âme ne peut pas…
Je vais te donner toutes les clés de mon cœur.

Je ne sais pas ce que sera le destin

Je te demande… de ne pas m'oublier…

Tu es maintenant avec moi dans la réponse.

Probablement.

J'embrasse les battements de ton cœur.

Есть люди нам подаренные Богом. Они делятся с тобой своим счастьем.

Они дарят тебе свой внутренний мир.

Они приходят в твою жизнь, когда ты совсем не ждёшь.

У Бога есть планы на людей. Планы, которые дают людям надежду на будущее.

Нам Бог дает всем в жизни выбор. Что выберешь ты для души.

Люди не встречаются случайно, я сегодня почти весь день постоянно улыбался, думал о тебе.

Мы с тобой очень нежные.

Я не знаю, есть ли еще люди более нежные, чем мы с тобой.

И такие ранимые. И такие душевные.

Il y a des personnes qui nous sont données par Dieu et elles apportent le bonheur.

Ils te donnent l'immensité de leur monde intérieur.

Ils arrivent dans ta vie quand tu ne les attends pas, ni eux ni rien d'autre.

Dieu a des plans pour les personnes. Plans qui donnent aux personnes, espérance dans l'avenir.

Dieu nous donne à tous la possibilité de choisir. Que choisis tu pour ton âme.

Les gens ne se rencontrent pas par hasard, presque toute la journée en permanence j'ai souri en pensant à toi.

Toi et moi sommes très tendres.

Je ne sais pas s'il y a encore des personnes plus tendres que toi et moi.

Et si vulnérables. Et si spirituels.

Я обожаю нашу с тобой тайну.

Значит это настоящее чувство, которое мы оберегаем от других людей.

В любви должны быть только двое.

Теперь я знаю - в любви так приятно дарить и отдавать!

Боже мой, столько от тебя нежности, доброты и душевности.

Я сегодня целый день думаю о тебе.

Проснулся тоже с мыслями о тебе.

Я улыбаюсь.

Любить тебя с первого мгновения и чистую нежную любовь с тобой сохранить до конца жизни.

J'adore notre secret avec toi.

Cela signifie que c'est un sentiment réel que nous protégeons l'un pour l'autre.

Dans l'amour on doit être deux. Maintenant je sais, dans l'amour combien il est plaisant, de donner et offrir encore !

Mon Dieu combien il y a de tendresse en toi, de douceur et de spiritualité.

Aujourd'hui, je pense à toi toute la journée.

Je me suis aussi réveillé avec des pensées pour toi.

Je souris.

T'aimer dès le premier instant, et purement et sauvegarder avec toi jusqu'à la fin de la vie ce pur et tendre amour.

Ты достаточно закрытый человек и я с тобой тоже стал закрытый от других людей.

Я открытый только для тебя одной. У нас много есть похожего.

У меня слишком много боли и разочарования было в моей жизни и в людях тоже, поэтому все доверительные отношения я исключил.

Да, это наша с тобой тайна и сейчас это должно оставаться тайной.

Мы долгое время нежны и близки и никто об этом не знает.

Это наша с тобой любовь!

Хотелось бы заглянуть в твою душу.

Ещё бы нужный ключ подобрать.

Ты, и все что происходит между нами, это самое дорогое и приятное в моей жизни.

Понимаешь?

Я так глубоко храню эти наши чувства от всех.

Это для меня светлые, нежные, искренне- святые, настоящие чувства любви к тебе.

Tu es une personne renfermée, et avec toi je suis devenu fermé à l'encontre d'autres personnes.

Ouvert juste pour toi seule, nous avons tant de similitudes entre nous.

J'avais trop de douleur et de frustration dans ma vie et dans les gens, donc, j'ai exclu toute relation de confiance.

Oui, c'est notre secret avec toi, et maintenant il doit rester un secret.

Depuis longtemps, nous sommes doux et proches et personne ne le sait.

Ceci est notre amour avec toi !

Je voudrais regarder dans ton âme.

Mais je n'ai pas encore trouvé la bonne clé.

Toi, et tout ce qui se passe entre nous, est ce qu'il y a de plus précieux et agréable dans ma vie.

Comprends-tu ?

Je continue aussi profondément dans tous nos sentiments.

Ce sont pour moi les sentiments les plus lumineux, authentiques, réels d'amour pour toi.

Нежная душа, это редко.

Она от рождения.

Человек взрослеет и постепенно раскрывается эта нежность в чувствах и любви.

Только тому, кому это дано.

Отдавать.

Просто любить, и даже ничего не просить взамен.

Так не многие могут.

Une âme douce, c'est est rare.

Elle l'est de naissance.

Une personne grandit et dévoile peu à peu cette tendresse et les sentiments et l'amour.

Seulement une personne à qui donner.

Juste aimer, et même ne rien demander en retour.

Ceci très peu de personnes le peuvent.

Чувствовать рядом тепло тела друг друга.

Слышать дыхание и как бьется сердце.

Сейчас уже между нами полная гармония и поэтому так все спокойно и нежно.

Я почувствовал, как ты для меня дорога.

Я хочу любить тебя каждый день.

Говорить : люблю.

Слышать в ответ : я тебя тоже люблю.

Счастье должно быть настоящим.

Любовь должна быть взаимной.

Я о тебе думаю, и это счастье.

Ты не представляешь, сколько мне даришь приятных, добрых и нежных эмоций!

Мне кажется у нас сейчас с тобой на душе одинаково чувствуем.

Да, порой, обнажение души страшнее обнажённого тела.

Ressentir à côté la chaleur du corps de l'un et de l'autre.

Ecouter la respiration et comment bat le cœur.

Maintenant entre nous il y a une totale harmonie et c'est pour cela que tout est tendre et calme.

J'ai ressenti combien tu m'es chère.

Et je veux t'aimer chaque jour.

Dire : je t'aime.

Entendre en retour : Je t'aime aussi.

Le bonheur doit être réel.

L'amour doit être mutuel.

Je pense à toi souvent.

Tu ne peux pas t'imaginer combien tu me donnes d'agréables et douces émotions

Je souhaite que maintenant avec toi nous ressentions la même chose dans l'âme.

Oui, parfois, l'exposition de l'âme est pire que le corps nu.

Я не представляю жизни без тебя.

Это правда.

Безумно приятно каждый день с тобой общаться.

Мы проникаем друг в друга. Нежнее и глубже.

У тебя особенное имя. И неповторимая душа.

Только самые близкие люди переживают твои проблемы вместе с тобой.

Остальные просто слушают.

Мы люди, если в нас живет любовь.

Самая прекрасная часть тела - ВЛЮБЛЁННЫЕ ГЛАЗА.

Не может быть красивой душа, которая ни разу не страдала.

Очень странно так сильно чувствовать, что един с тем, кого никогда не видел, не осязал.

Понимать и слова, и молчание.

Я не знаю, как это случилось, но я люблю тебя, мы с тобой становимся одним целым.

Je ne peux pas imaginer la vie dans toi.

C'est la vérité.

De plus en plus agréable jusqu'à la folie chaque jour communiquer avec toi.

Nous pénétrons l'un dans l'autre. Tendrement et profondément.

Tu as un nom spécial. Et une âme unique.

Seules les personnes les plus proches s'inquiètent de tes problèmes avec toi.

D'autres écoutent simplement.

Nous sommes des personnes si en nous vit l'amour.

La plus belle partie du corps – DES YEUX AMOUREUX.

Il ne peut y avoir une belle âme qui n'a jamais souffert.

Il est très étrange de ressentir si fort ceux que l'on n'a jamais vus, pas touché.

Comprendre et les mots et les silences.

Je ne sais pas comment c'est arrivé mais je t'aime, nous nous ressemblons avec toi comme une pièce unique.

Я прощаю всех, но ничего не забываю.

Наверное можно и нужно иногда прощать людей, если произошло искреннее раскаение и если ты уверен, что этот человек больше тебя не предаст.

Но когда человек хочет чтобы его простили, но за его словами скрывается ложь, то он предаст тебя и потом и так будет всегда, поэтому такого человека тоже нужно много раз простить.

Желаю Вам того вдвойне, чего желаете Вы мне!

И дай вам Бог того вдвойне, чего желаете вы мне!

Je pardonne à tous mais je me rappelle de tout.

Probablement, il est possible et parfois nécéssaire de pardonner aux gens, si le repentir sincère à eu lieu et si tu es convaincu que cette personne ne te trahira plus jamais.

Mais quand la personne veut être pardonnée, elle cache son mensonge avec ses mots, il te trahit et ensuite ce sera toujours ainsi, parce qu'une telle personne, doit aussi être pardonnée beaucoup de fois.

Je vous souhaite en double ce que vous me souhaitez pour moi-même !

Et que dieu vous donne en double ce que vous me souhaitez à moi-même !

Есть чувства, которые не выразить словами.

Есть слова, которые останутся в мыслях навсегда.

Чувствуй меня и я буду твой и дарить тебе счастье.

Я просто знаю, что через касания наших рук, мы с тобой многое могли почувствовать и передать друг другу.

Чистые, добрые отношения.

Хотя мы далеко друг от друга, и так мало знаем друг друга.

Я чувствую тебя за километры, что ты думаешь сейчас, что ты кому то нужен.

Так важно постоянно это чувствовать.

Просто будь рядом.

Сегодня.

Завтра.

Всегда.

Il y a des sentiments qui ne s'expriment pas par des mots,

Il est des mots qui vont rester dans l'esprit pour toujours.

Ressens-moi et je serai tien et te donnerai du bonheur.

Je sais simplement, que par le toucher de nos mains, moi avec toi, nous pouvons ressentir beaucoup et nous donner beaucoup l'un à l'autre.

Pures et douces relations.

Quoique nous soyons loin l'un de l'autre, et sachions si peu l'un de l'autre.

Je te ressens à des kilomètres, ce que tu penses en ce moment, de qui tu as besoin.

C'est tellement important de ressentir cela constamment.

Simplement sois à côté.

Aujourd'hui.

Demain.

Toujours.

Что такое счастье?

Ты покорила моё сердце с первого своего пламенного взгляда.

Ты столько счастья мне даешь!

Ты моя Вселенная.

Тебе надо только положить руку на сердце, и ты сразу услышишь меня.

Скажи, что ты любишь меня.

Я знаю. Но хочу услышать это от тебя.

Quest-ce que le bonheur, tu as conquis mon cœur dès le premier regard ardent.

Combien de bonheur tu me donnes !

Tu es mon Univers.

Tu as seulement besoin de poser ta main sur ton cœur et tu pourras me sentir.

Dis-moi que tu m'aimes.

Je le sais, mais je veux l'entendre de toi.

Мне всегда хорошо рядом с тобой !

Без тебя моя Душа свернулась бы как котенок.

Мне так хочется быть с тобой!

Когда обнимаешь любимого человека, то на душе становится тепло и спокойно, как никогда.

Люди, которые прикасаются к вашей душе и сердцу, остаются с вами навсегда.

Наверное осколки счастъя.

Je suis toujours bien avec toi à mes côtés !

Sans toi mon âme est recroquevillée comme un chaton.

Je veux tellement être avec toi !

Quand tu enlaces la personne aimée, l'âme devient chaude plus calme que jamais.

Les personnes qui ont touché votre cœur et l'âme restent avec vous pour toujours.

Probablement des éclats de bonheur.

Настоящий друг - это тот, кто будет держать тебя за руку и слышать биение твоего сердца.

Посмотри мне в глаза и ты узнаешь, кем сердце дышит.

Сегодня, когда я вижу тебя, мне кажется что моё сердце вот-вот выскочит из груди.

Дыши со мной.

Затаив дыханье с воздуха глоток

В этот вечер очень холодно без тебя!

Я хочу тебя видеть!

Я так люблю смотреть в твои глаза.

Слышишь, я так тебя люблю!

Ты читаешь мои мысли.

А может быть я читаю твои.

Или мысли у нас сейчас одинаковы, похожи.

Значит сердца бьются в унисон !

Un véritable ami - quelqu'un qui va te tenir la main et entendre les battements de ton cœur.

Regarde-moi dans les yeux et tous sauras pour qui mon cœur respire.

Aujourd'hui, quand je te vois, mon cœur est sur le point de sortir de ma poitrine.
Respire avec moi.
Nous retenons notre souffle avec une gorgée d'air.

Ce soir est très froid sans toi !

Je veux te voir !

J'aime tellement regarder tes yeux.

Tu entends combien je t'aime ?

Tu lis dans mes pensées.

Peut-être que je lis dans les tiennes.

Ou nos pensées sont maintenant une seule, identique.

Cela signifie que le cœur bat à l'unisson !

А ты о чем думаешь ?

Было много работы, разные стрессы и со здоровьем тоже, предательство и ложь близких родственников и много еще всего, я все время ждал...когда же для меня будет спокойная жизнь?

Я думаю о тебе так много, А мне бы просто тебя коснуться когда мы вместе с тобой, ты уже знаешь, во мне так много нежности к тебя...я не успел все это подарить, было так мало времени между нами.

Если бы мы были рядом, мы были ли более нежные больше времени было бы друг для друга, принадлежать и никуда не спешить и не уезжать а всегда быть рядом каждую ночь чувствовать тебя рядом.

Et toi à quoi tu penses ?

Il y eut beaucoup de travail, diférents stress et avec la santé aussi, la trahison et le mensonge de parents proches et beaucoup plus encore, J'ai tout le temps attendu, quand pour moi il y aura t'il une vie calme ?

J'ai tellement pensé à toi, je veux juste te toucher quand nous sommes ensemble, tu le sais déjà, J'ai tant de tendresse pour toi, je ne pouvais pas toute te la donner, ce fut un temps si court entre nous.

Si nous étions à côté, nous serions plus tendres, avec plus de temps l'un pour l'autre, pour nous appartenir sans hâte, sans se précipiter n'importe où, ne pas partir, et toujours être proches chaque nuit et te sentir à mon côté.

Ты даришь мне свой нежный взгляд.

Ты мне душу согреваешь.

Моя жизнь без тебя теряет всякий смысл.

Кто бы мог подумать, что ты похожа на сон и я боюсь проснуться.

Посмотри мне в глаза. Глаза в Глаза.

Объединить биенье сердца моего с твоим, связать в одну две наши жизни и чувства наши воедино слить.

С тобой рядом дни пролетают, как один миг.

Один миг, но такой приятный и запоминающийся.

Tu me donnes ton doux regard.

Tu me réchauffes l'âme.

Ma vie sans toi est vide de sens.

Qui aurait cru que tu serais comme dans un rêve et j'ai peur de me réveiller.

Regarde-moi dans les yeux. Les yeux dans les yeux.

Combine le battement de mon cœur avec le tien, connecte nos vies et nos sentiments ensemble, fusionne nos deux sentiments en un.

Avec toi les jours passent comme un instant.

Un moment, mais si agréable et mémorable.

Счастье там, где Бог.

Если человек живет, осознавая это, у него будет полнота жизни, человеческое тепло, которого никогда не бывает много и никогда не бывает достаточно.

Жизнь коротка, а ее счастливые мгновенья еще короче!

Делая других счастливее, мы становимся частицею этого счастья!

Мы ищем волшебство и красоту в вещах, тогда как волшебство и красота — в нас самих. Делитесь с людьми лучшим, что у вас есть и ваш мир раскрасится яркими красками.

Le bonheur est là où est Dieu.

Si une personne vit, en réalisant cela, il aura la plénitude de la vie, la chaleur humaine, telle qu'il n'y en arrive jamais beaucoup et jamais assez.

La vie est courte, et ses moments de bonheur sont encore plus courts !

Rendre les autres heureux nous donne le bonheur.

Nous sommes chercheons la magie et de la beauté dans les choses, alors que la magie et la beauté est en nous-mêmes. Partagez avec les gens le meilleur de ce qu'il y a en vous et votre monde en sera lumineux et heureux.

Истинное спокойствие - это тот покой, от которого другие тоже становятся спокойными. Уметь приносить людям радость - самое лучшее из того, что есть в жизни.

Мне хочется тебе дарить только самые нежные, добрые чувства. Ты знаешь я понял что с тобой легко жить, с тобой приятна любая нежность и близость, с тобой много всего, что нас объединяет.

Подарок судьбы - человек, который слышит твои слова. Дар небес - человек, который слышит твою душу.

Мы будем любить друг друга и нежно заботиться будем делать все что нам с тобой приятно и важно для нас, мы многое с тобой не успели, все могло быть еще вкуснее в близости.

La vraie paix d'esprit - c'est la paix qui fait que les autres deviennent aussi calmes. Pour être en mesure d'apporter la joie aux gens - le meilleur de ce qu'il y a dans la vie.

Je ne veux t'apporter que les plus doux, de mes tendres sentiments. Tu sais, j'ai compris qu'il est facile de vivre avec toi, avec toi est plaisant, l'amour, la tendrèsse et l'intimité, avec toi il y a beaucoup qui nous unit.

Le don du destin, la personne qui entend tes paroles. Cadeau du ciel, la personne qui entend ton âme.

Nous, nous aimerons mutuellement l'un l'autre, et prendrons tendrement soin, nous ferons tout ce qui nous est plaisant et important pour nous, nous n'avons pas beaucoup essayé avec toi, tout pourrait être encore plus savoureux dans l'intimité.

Встречу души всегда чувствуешь.

Я тебе действительно подарил и отдал свою нежность любовь страсть, все было искренне и так как ты любишь чувствовать душой.

Истинная красота человека действительно не видна. Она проявляется во всех поступках человека, в его душе.

Дарить и делать приятное людям гораздо лучше, чем самому получать.

Мы очень сильно любим друг друга, сейчас я уверен в этом.

Tu ressens toujours la rencontre des âmes.

Je t'ai vraiment offert et donné ma tendresse, amour, passion, tout fut sincère et tel que tu aimes ressentir avec ton âme.

La vraie beauté de l'homme n'est vraiment pas visible. Car elle se manifeste dans toutes les actions humaines, en ce qu'il y a de meilleur en lui.

Donner et rendre les gens heureux est bien méilleur qu'obtenir pour soi même.

Nous, nous aimons mutuellement très fort, je suis maintenant convaincu de cela.

Пусть сегодня я загляну к тебе в окно солнечным лучиком, согрею тебя своим душевным теплом и нежностью на весь грядущий день.

Мы сейчас живем воспоминаниями нашей с тобой встречи.

Помню какая сладкая ты была.

Я правда долго лет мечтал, чтобы мы с тобой все равно встретились, ближе познакомились узнали и почувствовали друг друга.

Я влюбиться.

Que tu puisses regarder maintenant par la fenêtre un rayon de soleil, pour qu'il te réchauffe avec chaleur de son âme et de sa tendresse tout au long de la journée à venir.

Nous vivons maintenant dans le souvenir de notre rencontre avec toi.

Je me souviens comme tu fus douce.

Je rêvais vraiment depuis longtemps pour que nous puissions quand même vous rencontrer, mieux nous connaître et nous nous sentir mieux.

Je tombe amoureux.

Душа – это то, чего нельзя увидеть или почувствовать, но это не мешает ей делать нас лучше.

Красота души придает прелесть даже невзрачному телу.

Я ранее никогда так не любил, как тебя люблю, нежно, сильно, душевно, и всегда с желание к тебе.

А кто-нибудь умеет так любить?

Очень трудно найти человека, за которого можно отдать, которого любишь всем сердцем.

Это будет самое искреннее и трогательное признание в мире, с тобой есть все. Я люблю отдавать тебе все очень искренне от души во тебе прекрасно все — душа и тело.

L'âme est ce que tu ne peux pas voir ou sentir, mais cela ne l'empêche pas de nous rendre meilleurs.

La beauté de l'âme donne même un charme indéfinissable au corps.

Je n'ai jamais aimé auparavant, comme je t'aime, tendrement, fort, sensuellement, et toujours avec du désir pour toi.

Est-ce que quelqu'un sait aimer autant ?

Il est très difficile de trouver une personne à qui vous pouvez donner, que vous aimez de tout votre cœur.

Ce sera la reconnaissance la plus sincère et la plus touchante au monde, avec toi j'ai tout cela. J'aime tout te donner très sincèrement de mon âme, en toitout est beau, corps et âme.

И у каждого есть своё время для встречи. Когда я встретил тебя, мой мир словно перевернулся, ты закрыл собой солнце и наполнил мою жизнь смыслом. С тех пор, каждый день, каждый час, каждую минуту я думаю о тебе, я живу тобой. Я живу с тобой, в тебе вся моя жизнь.

Я готов дать нам обоим реальный шанс, поэтому теперь я уверен, что у тебя не было других мужчин, никому кроме меня, все что случилось между нами, я ни о чем не жалею, потому что все было по большой любви.

Хотелось бы заглянуть в твою душу, еще бы нужный ключ подобрать.

Ты это лучшее что есть в моей жизни, я живу тобой мыслями, мечтами, желаниями. Это так, и не может быть иначе, слышишь?

Chacun à son temps pour une rencontre. Quand je t'ai rencontrée, c'est comme si mon monde s'était écroulé, depuis lors, chaque jour, chaque heure, chaque minute je pense à toi, je vis avec toi. Je vis pour toi, toute ma vie avec toi.

Je suis prêt à nous donner une réelle chance, par ce que maintenant je suis convaincu, que tu n'as jamais eu d'autres hommes, personne comme moi, je ne regrette de rien de tout ce que c'est arrivé entre nous, parce que tout fut avec un très grand amour.

Je voudrais regarder dans ton âme, mais je dois encore trouver la bonne clé.

Tu es la meilleure chose dans ma vie, je te vis avec des pensées, des rêves, des désirs pour toi. C'est ainsi, et ne peut pas être autrement, entends-tu ?

Сейчас очень редко встречаются люди с нежностью в душе.

Люди много говорят о деньгах, внешней красоте и других материальных ценностях, а в их душах пустота.

Я тебя очень и очень люблю.

Тебя никто ранее не любил так искренне, нежно и душевно. Я тебе всегда буду дарить все то хорошее, что есть во мне.

Ты нашла во мне то, что тебе так не хватало долгие годы, и мне тоже. Ты чувствуешь это- значит так и есть. Чувства не спрячешь.

Maintenant, il devient très rare de rencontrer des personnes avec de la tendresse dans leur âme.

Les gens parlent beaucoup de l'argent, de la beauté extérieure, et d'autres valeurs matérielles, et dans leurs âmes il y a du vide.

Je t'aime beaucoup et énormément.

Personne jamais ne t'a aimée sincèrement, tendrement et profondément auparavant. Je te donnerai toujours le meilleur de ce qui est en moi.

Tu as trouvé en moi ce qui t'a manqué de longues années, et moi aussi. Tu le ressens, cela signifie que cela est. Les sentiments ne peuvent pas se cacher.

Меня переполняют самые нежные чувства.

Бывает такое находит, а рядом никого нет.

Учимся понимать, но главное – чувствовать.

Я чувствую тебя каждой клеточкой моего организма.

Целую Сердцем твоё Сердце.

Иногда один человек больше, чем все люди встреченные в твоей жизни.

Je suis submergé par des sentiments les sentiments les plus tendres.

Cela arrive et il n'y a personne à côté.

Nous apprenons à comprendre, mais la chose principale est de ressentir.

Je te sens chaque cellule de mon corps.

J'embrasse ton cœur avec mon cœur.

Parfois une personne signifie plus que toutes les personnes que tu as rencontrées dans ta vie.

Я очень рад, что ты есть у меня и я испытываю самые нежные чувства к тебе.

Мы созданы друг для друга, ничего не смогло разрушить эту связь, мы все поняли и почувствовали почему мы все эти долгие годы были так нужны друг другу.

Благословенного дня!

Ты позволил мне влюбиться и моя книга обрела новую главу.

Все мои чувства к тебе здесь трудно передать, нужно чувствовать рядом, касания поцелуи ласки вхождения блеск в глазах.

Je suis très heureux que tu sois pour moi et je me sens épris d'une tendre affection pour toi.

Nous sommes faits l'un pour l'autre, rien n'a pu détruire cette liaison, nous avons tout compris et avons ressenti, pourquoi toutes ces longues années nous étions nécessaires l'un pour l'autre.

Jour béni !

Tu me laisses tomber amoureux, et mon livre a trouvé un nouveau chapitre.

Tous mes sentiments pour toi sont difficiles à exprimer ici, besoin de te sentir proche, toucher embrasser caresser, l'apparition de l'étincelle dans les yeux.

Это важно знать, что ты нужна хотя бы одному человеку.

Ты многое подарил мне и я тебе тоже, мы подарили друг другу самое дорогое, это нежная искренняя взаимная любовь, а любовь это жизн, я живу тобой.

Любить тебя с первого мгновения и чистую нежную любовь с тобой сохранить до конца жизни.

Мы с тобой удивительно во всем совпадаем, даже не нужно ничего менять все совпало.

Я часто думаю об этом, откуда такие сильные чувства друг к другу? Почему так тянет нас быть вместе? И с каждым годом все сильнее. Как назвать это чувство?

Il est important de savoir que tu as besoin d'au moins une personne.

Tu m'as beaucoup donné, et moi pour toi aussi, nous, nous, avons donné mutuellement ce qu'il y a de plus cher, ceci est un amour tendre, sincère et réciproque, l'amour c'est la vie, Je vis par toi.

T'aimer dès le premier instant et t'aimer purement et tendrement pour sauver jusqu'à la fin de la vie.

Etonnamment, nous coïncidons tous avec toi, tu n'as même pas besoin de changer quoi que ce soit, tout coïncide.

J'y pense souvent, d'où venaient ces sentiments si forts l'un pour l'autre ? Pourquoi sommes-nous si attirés par le fait d'être ensemble ? Et chaque année, cela devient plus fort. Comment appeler ce sentiment ?

Красивым и успешным человека делают не деньги, а его душа, внутренний мир, его желание быть каждый день лучше и дарить любовь.

Ты чувствуешь, что как я тебя люблю, тебя никто так ранее нежно искренне и душевно не любил.

Только я тебя люблю по настоящему!

Не за красоту твою внешнюю, люблю за душевное совпадение с тобой во всем.

Я все больше и больше убеждаюсь, что мы с тобой очень похожи, очень.

Мы с тобой очень нежные, я не знаю есть ли еще люди более нежные чем мы с тобой, и такие ранимые и такие душевные. Таких людей очень мало, мы очень долго ждали и возможно искали друг друга.

Я чувствую твоё дыхание.

Я чувствую тебя совсем по другому, я чувствую тебя очень глубоко.

У нас последнее время было очень много времени друг для друга.

Я люблю тебя чувствовать душой. Мы умеем друг друга любить душой.

La réussite d'une belle personne n'est pas donnée par l'argent, mais par son âme, son monde intérieur, son désir d'être meilleure chaque jour et de donner de l'amour.

Tu ressens comment Je t'aime, comme personne auparavant ne t'a aimée aussi tendrement et véritablement et sincèrement.

Je n'aime réellement que toi !

Je t'aime, non pas pour ta beauté extérieure, je t'aime pour notre paix intérieure avec toi en tout.

Je suis de plus en plus convaincu que nous sommes avec toi très similaires, énormément.

Nous, toi et moi sommes très tendres, je ne sais pas s'il y a encore des gens qui sont plus doux que nous le sommes avec toi, et si vulnérables et si émotionnels. De telles personnes sont rares, et nous avons attendu longtemps et nous nous sommes probablement cherchés l'un l'autre.

Je ressens ta respiration.

Je te ressens d'une façon totalement différente, je te ressens profondément.

Nous avons eu dernièrement beaucoup de temps l'un pour l'autre.

J'aime ressentir l'âme avec toi. Nous savons comment nous aimer l'un l'autre avec notre âme.

Жизнь очень короткая, когда уже большая часть жизни прожита.

Не ищите идеальных людей. Находите родные души.

Это все желания души.

Мы очень много лет мечтали встретиться, увидеть и понять, почему так много лет нас притягивает друг к другу.

Теперь я понимаю почему.

Мы всегда будем принадлежать друг другу.

В этот момент я почувствовала, что моя жизнь изменилась. Теперь я понимаю, почему мы станем частью друг друга.

С возрастом у нас все меньше желаний в жизни, хочется уютной тихой счастливой жизни с близким любимым надежным человеком, с которым спокойно.

Женщина остается с мужчиной до тех пор пока она желанна любима, чувствует его заботу и внимание.

В любом случае, если ты будешь жить, а меня уже не будет в этой жизни. Знай, что ты для меня был добрым нежным светлым лучиком, который светил в моей душе, тот свет всегда будет согревать мою душу. Все лучшее у меня с тобой.

La vie est courte quand déjà, une grande partie sest écoulée.

Ne recherchéz pas des personnes idéales, trouvez des âmes sœurs.

C'est tout le désir des âmes.

Nous avons rêvé pendant de nombreuses années de nous rencontrer, pour voir et comprendre pourquoi tant d'années nous étions attirés les l'un par l'autre ;

Désormais je comprends pourquoi.

Nous nous appartiendrons toujours l'un à l'autre.

À ce moment-là, j'ai senti que ma vie avait changé et maintenant je comprends pourquoi, nous faisons partie l'un de l'autre.

Avec l'âge, nous avons moins de désirs dans la vie, je veux une vie heureuse, tranquille et confortable, avec une personne proche, aimée et digne de confiance, avec qui je me sens à l'aise.

Une femme reste avec un homme aussi longtemps qu'elle est désirée, aimée, ressent ses soins et son attention.

En tout cas, si tu vis, et que je ne sois pas dans cette vie. Sache que tu étais pour moi un rayon de lumière tendre et doux qui brillait dans mon âme, cette lumière réchauffera toujours mon âme. Tout ce que j'ai de meilleur est avec toi.

Я чувствую, когда мы думаем друг о друге.

Мы сейчас живем друг для друга.

Большая страсть у тебя и у меня.

Мы с тобой проделали такой долгий путь, чтобы быть вместе, долгие годы познания и привыкания друг к другу. Но всего две встречи, когда мы были рядом...нам все эти годы не хватало этого, чтобы быть рядом, чтобы почувствовать и понять друг друга. Оказалось мы так похожи и так сильно совпадаем во всем и так счастливы рядом.

Наши души уже вместе, потому что мы скучаем и постоянно думаем друг о друге.

Мы всегда будем обращаться с добротой и любовью.

■

Je ressens quand nous pensons l'un à l'autre.

Maintenant nous vivons l'un pour l'autre.

Immense passion pour toi et moi.

Toi et moi avons parcouru un long chemin pour être ensemble, de longues années d'apprentissage et de familiarisation les uns avec les autres. Mais seulement deux réunions, quand nous étions proches, toutes ces années, nous n'en avions pas assez pour être là pour se sentir et se comprendre. Il s'est avéré que nous sommes si semblables et coïncidons dans tout et si heureux à côté.

Nos âmes sont déjà ensemble car quand nous nous ennuyons, nous pensons constamment l'un à l'autre.

Nous, nous traiterons toujours avec gentillesse et amour.

У нас с тобой разные эмоции и чувства.

Много нежности до слез.

Слёз радости и удовлетворения души.

Потом мы будем принадлежать друг другу, и, поверь, дорогая, это тоже немало.

Любить, значит отдавать всего себя близкому человеку.

И чувствовать его.

Я подарил тебе много искренней нежности.

Потому что всё было искренне, по-настоящему, без лжи.

Я с тобой за эти годы многое испытал: любовь и нежность, желание и страсть, слёзы и раскаяние, обман и прощение.

Много всего.

Entre nous avec toi nous avons différentes émotions et sentients.

Beaucoup de tendresse...jusqu'aux larmes.

Larmes de joie et de plaisir de l'âme.

Ensuite, nous appartiendrons l'un à l'autre et, crois-moi, ma chérie, ce n'est pas peu.

Aimer signifie donner beaucoup à un être cher.

Et le ressentir.

Je t'ai donné beaucoup de réelle affection.

Parce que tout était réel vraiment sincère, sans mensonges.

J'ai beaucoup appris avec toi ces longues années : l'amour et la tendresse, désir et passion, larmes et repentance, prendre soin et pardonner.

Beaucoup de choses.

Я здесь только для тебя.

Я много раз пробовал быть без тебя.

Не получается.
Это невозможно.
И это сильнее меня

Я хочу быть с тобой во всём!

Я не хочу больше сопротивляться своим желаниям.

Хочу с тобой всё пробовать и быть всегда с тобой.

Je suis ici, seulement pour toi.

De nombreuses fois j'ai essayé d'être sans toi.

Je n'ai pas réussi.
C'est impossible.
Et cela est très fort en moi.

Je veux être avec toi dans tout !

Je ne veux plus résister davantage à mes désirs.

Je veux tout essayer avec toi et être toujours avec toi.

Счастье всегда отражается на женском лице.

Глаза блестят, лёгкий румянец на щеках и улыбка.

Натурально и прекрасно!

У каждого из нас есть кто-то, кто проникает глубоко в душу и остается там навсегда.

Я тоже так хочу с тобой.

Я умею искренне и долго любить.

Le bonheur se reflète toujours dans le visage d'une femme.

Ses yeux sont brillants, et brille la lumière sur ses joues, et son sourire.

C'est naturellement beau !

Tout le monde a quelqu'un qui pénètre profondément dans notre âme et y demeure là pour toujours.

Je veux également cela avec toi.

Je peux sincèrement et longtemps aimer.

Я хочу дарить тебе нежность во всем.

В каждом мгновении твоей жизни, хочется жить для тебя и наслаждаться этим.

Мы так прекрасно дополняем друг друга во всем.

С тобой счастье, радость, нежность, близость - всё приятно и полная гармония.

Когда мы вместе, мы становимся лучше.

Искренняя любовь приносит взаимное счастье.

Je veux te donner de la tendresse dans tout.

A chaque instant de ta vie, je veux vivre pour toi et profiter de cela.

Nous nous coplètons si magnifiquement l'un l'autre dans tout.

Avec toi le bonheur, la joie la tendresse, l'intimité, tout est agréable en complète harmonie.

Quand nous sommes ensenble, nous devenons meilleurs.

Le véritable amour apporte le bonheur mutuel.

Мы с тобой самые близкие и родные люди!

Ты со мной постепенно менялась за эти года и у меня с тобой сейчас полная гармония и понимание.

Мне совсем немного нужно в этой жизни. Я хочу любить самую нежную и самую открытую, искреннюю, глубокую женскую душу.

Даже сейчас сердце стучит от вчерашних эмоций!

В эти дни их было очень много.

Сильных и нежных эмоций.

Toi et moi sommes les personnes les plus proches.

Tu as été avec totalement avec moi toutes ces années, et j'ai avec toi maintenant une harmonie et une compréhension complètes.

J'ai besoin de peu dans cette vie. Je veux aimer la plus tendre, la plus ouverte, la plus véritable et profonde âme féminine.

Même maintenant, le cœur bat de ses émotions d'hier.

Il y eut beaucoup ces jours-ci.

Fortes et tendres émotions.

Две души могут коснуться друг друга, только если они друг другу предназначены!

Счастье – когда ты кому-то нужен!

В этом полнота жизни!

Мой выбор определен очень давно, много лет назад, когда я увидел в первый раз тебя. Да, это была ты!

И я это понял ещё тогда, много лет назад.

И никуда от этого сильного чувства было не уйти.

Deux âmes peuvent se toucher l'une l'autre, seulement si elles sont prédestinées l'une pour l'autre !

Le bonheur c'est quand tu es avec celle dont tu as besoin !

En cela est la plénitude de la vie.

Mon choix est déjà défini depuis longtemps, beaucoup d'années en arrière, quand je t'ai vue pour la première fois. Oui, ce fut toi !

Et je compris cela beaucoup d'années en arrière.

Et ce sentiment si fort n'a jamais disparu.

Я чувствую, что мы оба очень хотим друг друга.

Я чувствую, что мы очень нужны друг другу.

Для любви, для нежности, для душевности.

Не знаю, может быть и для жизни.

То что происходит между нами, это Божий дар.

Это бывает так редко между мужчиной и женщиной.

Я буду нежно и трепетно хранить наши чувства и отношения глубоко в душе и сердце.

Оберегать их и сохранять.

Я тебя обожаю!

Всегда волнуюсь, когда пишу.

Я общался бы целый день с тобой, но нужно идти на работу.

До следующей встречи, любовь моя!

Je ressens que nous nous nous voulons à nouveau l'un l'autre.

Je ressens que nous avons vraiment besoin l'un de l'autre.

Pour l'amour, la tendresse et la spiritualité.

Je ne sais pas peut être pour la vie.

Ce qui se passe entre nous, est un don de Dieu.

Cela arrive rarement entre un homme et une femme.

Je vais doucement et tendrement sauvegarder nos sentiments et relations profondément dans l'âme et le cœur.

En prendre soin et les protéger.

Je t'adore !

Je suis toujours excité quand j'écris.

Et communiquer avec toi toute la journée, mais je dois aller travailler.

Jusqu'à la prochaine rencontre, mon amour !

Больше понимаем, больше чувствуем, больше дорожим отношениями даже на расстоянии.

Мы очень счастливы, мы и сейчас не менее счастливы, приятными воспоминаниями, мы скучаем, мы мечтаем, мы живем друг другом

Мне хочется приносить только самые нежные, добрые чувства.

Мы с тобой очень нежные и душевные.

Наверное это Божий дар или подарок для нас с тобой так чувствовать друг друга.

Plus nous nous comprenons, plus nous ressentons, plus nous apprécions nos relations, même à distance.

Nous sommes très heureux, nous ne sommes pas moins heureux maintenant, par des réminiscences agréables, nous, nous languissons, nous rêvons, nous vivons l'un pour l'autre.

Je veux t'apporter seulement mes plus tendres, mes plus doux, des sentiments.

Toi et moi moi sommes très tendres et émotionnels.

Cela est probablement un don de Dieu ou un cadeau pour toi et moi, afin de se sentir mutuellement l'un l'autre.

У нас с тобой самые нежные, добрые и душевные чувства друг к другу.

Такое невозможно повторить с другим или с другой.

Думаю так возможно только раз в жизни и с одним партнером.

Я тебя очень сильно люблю.

Тебя никто так ранее никогда не любил так искренне, нежно и душевно.

Nous avons avec toi les meilleurs et les plus doux sentiments émotionnels mutuels l'un pour l'autre.

Ceci ne peut pas se reproduire avec un autre ou une autre.

Je pense que ceci est seulement possible un fois dans la vie avec un seul partenaire.

Je t'aime fort très fort.

Personne jamais ne t'a aimée auparavant si sincèrement et tendrement du fond de l'âme.

Если у нас с тобой будет всё в полной гармонии, то можно будет и далее мечтать желать и осуществлять.

Очень хотелось бы чтобы так и было!

Если у нас были слезы из-за нашей любви, значит мы дороги друг другу.

Я хочу плакать от счастья, от нашей с тобой близости, нежности и любви!

Я знаю, мы оба хотим душевной встречи.

В нашей жизни так не было ранее никогда.

Si entre-nous avec toi il y aura complete harmonie, il y aura encore plus de rêve et de désir, de réalisations, de mises en œuvre.

Nous voulons énormément que cela soit ainsi !

Si nous avons eu des larmes à cause de notre amour, cela veut dire que nous sommes chers l'un pour l'autre.

Je veux pleurer de larmes de bonheur, de notre intimité, tendrèsse et amour !

Je sais que nous voulons de nouveau une rencontre de l'âme.

Dans notre vie cela n'eut jamais lieu auparavant.

Я мысленно нежно целую тебя.

Ты чувствуешь.

Я хочу, чтобы было много нежности, душевности, внимания взаимного.

Когда ты пишешь мне такие нежные слова, меня переполняют чувства к тебе!

Это не просто слова.

Они написаны искренне.

Dans mes rêves je t'embrasse doucement.

Tu ressens cela.

Je veux, qu'il y ait beaucoup de tendresse d'attention mutuelle de réciprocité.

Quand tu m'écris de tels mots doux, je suis submergé par des sentiments pour toi.

Ce ne sont pas seulement des mots.

Ils sont écrits sincèrement.

Дорогая, я понимаю и чувствую, что мы любим и тянемся друг к другу искренними, нежными чувствами.

Мы чувствуем друг друга душой!

Вот поэтому столько много приятной нежности.

Я к тебе привыкаю, прирастаю желанием.

Мне спокойно когда я рядом с тобой.

Я очень рад, что ты есть у меня и я испытываю нежные чувства к тебе.

Чтобы ты со мной чувствовала душевный покой, как никогда ранее.

Меня переполняют самые нежные чувства!

Приятно осознавать даже мыслями, что ты уделяешь столько внимания мне!

Встречать твою душевность, это дар какой-то, ты как-то глубоко можешь интуитивно чувствовать глубины жизнь.

Благодарю!

Ma chérie, je comprends et ressens que nous nous aimons et sommes attirés l'un par l'autre avec des tendres et véritables sentiments.

Nous nous ressentons l'âme l'un de l'autre.

Ce qui explique pourquoi tant de tendresse agréable.

J'éprouve envers toi une poussee de désir.

Je suis calme, quand je suis à tes côtés.

Je suis très heureux que tu sois en moi et je me sens d'affection pour toi.

Pour que toi avec moi ressentes la tranquillité de l'âme, comme jamais cela n'a été auparavant.

Je suis submergé par des sentiments les sentiments les plus tendres !

Il est agréable de réaliser déjà dans mes rêves, combien tu donnes d'attention à mon égard !

Rencontrer ta spiritualité, est un don, que tu peux ressentir intuitivement et profondément dans les profondeurs de la vie.

Je t'en suis reconnaissant !

У меня никогда не было в жизни такого.

То что я испытываю к тебе-это очень приятное чувство, поверь мне.

Ты мою душу почувствуешь в нежности к тебе, в моих касаниях. Ты все почувствуешь сразу!

Мы все хотим чтобы нас берёг тот, кого мы так отчаянно хотим беречь сами.

Я очень хочу, чтобы мы нежно берегли друг друга.

Ты не представляешь, какая ты для меня родная. Много нежности и душевности.

Хочу с тобой быть открытым во всём: в чувствах, в общении!

Je n'ai jamais eu cela dans ma vie.

Ce que je ressens pour toi, c'est un sentiment très agréable, crois-moi.

Tu ressens ma tendresse pour toi dans mon âme, dans mes touchers. Tu ressens immédiatement tout !

Nous voulons tous être protégés par celui que nous voulons soi-même protéger si désespérément.

Je veux énormément que nous, nous protégions doucement l'un l'autre.

Tu ne peux pas imaginer comme tu es proche de moi. Beaucoup de tendresse et de spiritualité.

Je veux être ouvert dans tout : dans les sentiments, la communication !

Моя дорогая, ты глубоко в моей душе и в сердце.

Мы не можем друг без друга.

Мы, думаю, можем даже заболеть, если не будем вместе.

Мы так чувствуем друг друга.

Мы нашли друг в друге то, что нам приятно обоим.

Мы с тобой в гармоничных отношениях.

Ma chérie, tu es profondément dans mon âme et dans mon cœur.

Nous ne pouvons pas l'un sans l'autre.

Je pense même que nous pouvons même tomber malades si nous ne sommes pas ensemble.

Nous nous ressentons l'un l'autre.

Nous avons trouvé l'un dans l'autre, ce qui nous rend heureux tous les deux à la fois.

Nous sommes avec toi dans des relations harmonieuses.

Я тебя искренне люблю и ты это чувствуешь, моя душа и сердце открыты тебе и для тебя, когда настоящие чувства, то не может быть лжи, Настоящее всегда долго, может быть навсегда.

Я знаю, такое повторить в жизни не возможно.

То что есть у нас с тобой, мне кажется редкий божий дар.

Так чувствовать, желать и любить.

Je t'aime sincèrement, et tu ressens cela, mon âme et mon cœur sont ouverts à toi et pour toi, quand c'est un sentiment sincère, ce ne peut pas être un mensonge. La sincérité est pour longtemps, peut-être pour toujours.

Je sais que reproduire une seconde fois, n'est pas possible dans la vie.

Ce qu'il y a entre nous avec toi, me semble être un don rare de Dieu.

De ressentir ainsi, désirer, et aimer.

Я, правда, очень счастлив, что у меня с тобой получилось ощутить все эти приятные редкие чувства!

Как точно сказано.

Как будто бы кто-то стихами и временем, дорогу между шами им проложил, нашими душами.

Сколько нежности и света в каждом из нас.

Так важно встретить человека, который откроет это в тебе.

И не даст исчезнуть.

И как сложно встретить такого человека.

Я знал что мы долгие годы хотели друг друга, я чувствовал это я не спал в это время и тоже думал о тебе, но я не знал, как реально с тобой может быть. Теперь уже знаю, я был с тобой не расставаясь ни на минуту и мы были так счастливы вдвоем. Сейчас я тебя очень хочу, знаешь это еще сильнее, потому что уже знаем, как может быть, мы стали очень близки и мы стали спокойны, может быть лучше, мы будем любить друг друга и нежно заботиться будем делать все что нам с тобой приятно и важно для нас

Я буду всем, чем захочешь.

Je suis vraiment heureux que nous avons avec toi obtenu l'expérience de tous ces beaux et rares sentiments.

Exactement dit.

C'était comme si quelqu'un avait avec des poèmes et du temps, pavé le chemin des âmes, nos âmes.

Combien de tendresse et de lumière dans chacun d'entre nous.

Il est donc important de rencontrer la personne qui ouvrira la tendresse qui est en toi.

Et ne disparaîtra pas.

Et combien il est difficile de rencontrer une telle personne.

Je sais que nous nous désirions de longues années, je l'ai ressenti, je n'ai pas dormi à cause de cela, dans ce même temps je pensais à toi, mais je ne savais pas comment ce serait avec toi réellement. Maintenant je sais déjà, je fus avec toi et ne nous sommes pas séparés une seule minute, et nous fûmes si heureux tous les deux. Maintenant je te veux très fort, tu sais c'est encore plus fort, parce que nous savons déjà comment cela peut être, nous sommes devenus très proches, devenus très calmes, peut être mieux, nous nous aimerons mutuellement et prendrons tendrement soin et ferons avec toi, tout ce qui est plaisant et important pour nous.

Je serai tout ce que tu désires.

Знаете, иногда находит такое, что от умиления выступают слезы и хочется бесконечно благодарить Бога за то, что ты живешь, видишь, слышишь, и за всё, что имеешь, благодаря Ему.

Надо постоянно благодарить Господа и всех людей, которые с нами рядом.

Бог создает нас парами и мы ищем свою вторую половину.

Словами можно обмануть, глазами это невозможно.

Глаза умеют говорить я твой и ты моя.

Я думаю, вот почему мы нашли друг друга.

Vous savez il arrive parfois que l'émotion apporte des larmes qui veulent remercier infiniment Dieu pour ce que tu vis, ce que tu vois, ce que tu entends et pour tout ce que tu as grâce à lui.

Il est nécessaire constamment de remercier Dieu et toutes les personnes qui sont à côté de nous.

Dieu nous a crée par paires, et nous sommes à la recherche de l'autre moitié.

Les mots peuvent tromper, mais les yeux c'est impossible.

Les yeux peuvent parler, je suis tien et tu es mienne.

Je pense que c'est pourquoi nous nous sommes trouvés l'un l'autre.

Бог даёт шанс, и мы либо используем его либо нет.

Ты знаешь, как я по тебе теперь скучаю каждый день?

Хочется всегда быть с тобой и не расставаться.

Так тебя не хватает рядом.

Я нахожу это прекрасным.

Когда кто-то тайно молится за тебя.

И я не знаю другой, более глубокой и чистой любви.

Dieu donne une chance, nous utilisons cette chance ou pas.

Tu sais combien tu me manques maintenant chaque jour ?

Je serai toujours avec toi et ne me séparerai pas de toi.

Tant tu me manques à mes côtés.

Je trouve que c'est magnifique.

Quand une personne prie en silence pour toi.

Et je ne connais rien d'autre qu'un amour profond et pur.

Благодарю тебя!

Моя Душа наполнилась нежностью, благодарностью к тебе.

Мои глаза светятся тобою из-за тебя, и для тебя.

Думая о тебе душа наполняется радостью и улыбка затмевает мое лицо.

Думаю о тебе.

Скучаю о тебе.

Je te suis reconnaissant !

Mon âme est remplie de tendresse et de reconnaissance pour toi.

Mes yeux brillent à cause de toi et pour moi.

Je pensais à toi et mon âme s'est remplie de joie et un sourire à éclipsé mon visage.

Je pense à toi.

Tu me manques.

У нас с тобой очень сильная душевная связь и поэтому такие нежные чувства друг к другу.

Так бывает редко между мужчиной и женщиной, но когда случается так то это очень приятно и долго.

Люблю тебя до слёз, помни это.

Реально ты хорошо чувствовала и понимала меня во всем.

Реально ты более открытый человек, с тобой приятно говорить обо всем, можно видеть твои глаза и слышать твой голос, чувствовать тебя рядом, касание твоей руки и так далее, моя женщина, ты моя женщина, ты все сделал для этого, чтобы было так.

Entre nous avec toi, il y a un lien très fort et donc ces tendres sentiments de l'un pour l'autre.

Ceci arrive rarement entre un homme et une femme, mais quand cela arrive c'est très agréable et long.

Je t'aime jusqu'aux larmes, souviens-toi de cela.

Réellement tu m'as bien ressenti et compris dans tout.

Réellement tu es une personne plus ouverte, il est plaisant de parler de tout avec toi, je peux voir tes yeux et écouter ta voix, te sentir à côté, toucher ta main et ainsi de suite, ma femme, tu es ma femme, tu as tout fait pour que cela soit ainsi.

Мне сейчас спокойно, но я много мечтаю о тебе и думаю, наверное потому что все ближе приближается встреча.

Думаю не много бывает людей, которые так долго много лет ждут встречи.

Эта встреча долгожданная и желанная для нас с тобой, встреча с Родной Душой.

Мне бесконечно приятно слышать это.

Это и есть ответ на все вопросы.

У меня для других сердце не бьётся.

Я счастливый человек, потому что испытал и испытываю чувства к тебе необыкновенной силы и глубины.

Моя любовь, словно выдержанная в глубоких тайниках, настоянная на нежности, преданности, умытая многократно слезами сердца, что может быть сильнее?

Так спокойно и нежно как сейчас, не было раньше.

Сейчас очень нежные, гармоничные отношения между нами.

Ты знаешь, а я ведь не представляю жизни без тебя.

Je suis calme maintenant, mais je rêve beaucoup de toi et je pense cela, probablement parce que la rencontre survient bientôt.

Je pense qu'il n'y a pas beaucoup de personnes qui attendent tant d'annés avant une rencontre.

La rencontre si longuement souhaitée pour nous avec toi, rencontre avec une âme sœur.

Il m'est infiniement agréable d'apprendre que.

C'est la réponse à toutes les questions.

Mon cœur ne bat pas pour d'autres.

Je suis une personne heureuse, parce que j'ai eu et je ressens pour toi une force extraordinaire et profonde.

Mon amour, comment survivre dans les profondeurs secrètes, de cette réelle tendresse, j'ai plusieurs fois nettoyé beaucoup de larmes dans mon cœur, que peut-il être de plus fort ?

Si calme et doux comme cela est maintenant, cela ne le fut pas par le passé.

Maintenant entre nous il y a une très délicate et harmonieuse relation.

Tu sais ? Je ne peux pas imaginer la vie sans toi.

В Царствии Божьем будет только родство душ!

На сколько было возможно.

Y меня с тобой было так.

У нас одинаковая душа, вернее она единая.

Мы живём просто волею судьбы.

Я думаю, это и есть тот редкий случай, который однажды преподносит жизнь или судьба.

Только бы правильно его использовали.

Я найду тебя везде.

И в этом мире и в другом.

Теперь я знаю, что Любовь - это Ты и только Ты.

Я нашел тебя.

Au royaume de Dieu seront seulement les âmes sœurs !

Jusqu'où ce fut possible.

Ce fut ainsi pour moi avec toi.

Nous avons la même âme, ou plutôt elle est unie.

Nous vivons simplement par la destinée.

Je pense que ceci arrive rarement, un cadeau que le destin offre une seule fois dans la vie.

Si seulement il est utilisé Correctement.

Je vais te trouver partout.

Et dans ce monde et dans l'autre.

Maintenant je sais que l'amour c'est toi et seulement toi.

Je t'ai trouvée.

Полюбив Душу, уже не захочешь другой души и другого тела.

Ты живёшь во мне ВСЕГДА, понимаешь?

Я живу так, как будто Бог на меня смотрит твоими глазами.

Моя душевность и нежность к тебе -всегда во мне.

Я собираюсь в путь.

Моё сердце остаётся с тобой.

А ты всегда со мной, хочешь ты этого или нет.

Оказывается, бывают Единственные.

Ты тоя единственная!

Наши сердечки, твоё и моё, стучат в унисон.

Чувствуют любовь.

Tu aimes l'âme, et déjà tu ne veux pas une autre âme un autre corps.

Tu vis en moi pour TOUJOURS, tu comprends ?

Je vis comme si Dieu me regarde avec tes yeux.

Ma sincérité de l'âme et ma tendresse sont toujours en moi pour toi.

Je passe par le chemin.

Mon cœur reste avec toi.

Et tu es toujours avec moi, que tu le veuilles ou pas.

Il se trouve une personne unique.

Tu es mon unique !

Nos cœurs, le tien et le mien, battent à l'unisson.

Ressentent l'amour.

Я с восторгом целую тебя в нежную улыбку.

С каждым днём я хочу всё больше и больше тебе отдавать любви и теплоты!

Иногда даже самые красивые и нежные слова не способны выразить всю мою признательность тебе за всё,

что ты делаешь для меня.

Я думаю, когда мы каждый день по чуть-чуть друг друга слышим, это хорошо для наших сердец, это успокаивает душу!

Понять людей не сложно, сложно понять их правильно.

Что бы мы ни говорили, люди верят только в то, во что хотят.

Никто не может знать, какое будущее нам приготовил Бог!

Истинная красота-это внутреннее сияние Души.

Красота тела может привлечь, но лишь красота души сможет удержать.

Можно любить Душу, не зная тела.

Voici, à nouveau je t'embrasse avec un tendre sourire.

Chaque jour, je te veux te donner plus d'amour et de chaleur.

Parfois, même les mots les plus beaux et doux ne sont pas en mesure d'exprimer toute ma gratitude pour tout ce que tu fais pour moi.

Je pense que lorsque chaque jour nous entendons un peu plus l'un de l'autre, cela est bon pour nos cœurs, cela apaise l'âme !

Comprendre les gens, n'est pas très difficile, il est difficile de les comprendre correctement.

Peu importe ce que nous avons dit, les gens ne croient que ce qu'ils veulent.

Personne ne peut savoir ce qu'à l'avenir que Dieu a préparé pour nous !

La vraie beauté est le rayonnement intérieur de l'âme.

La beauté du corps peut attirer, mais seulement la beauté de l'âme peut garder.

Vous pouvez aimer l'âme, ne sachant rien du corps.

Я все помню, ты всегда хотела меня, и ты с каждым днем все становился спокоя, в твоих глазах была нежность, покой, любовь и блеск в глазах, у нас при встрече было много страсти, поверь с каждым днем все больше к тебе нежности понимания и желания, желания быть ближе к тебе, рядом и быть самыми близкими людьми и очень счастливыми.

Я скучаю по твоим глазам.

Я скучаю по твоим губам.

Я скучаю по твоей душе.

От твоих нежных слов мое сердце волнуется.

Я просто наслаждаюсь твоими словами.

Je me souviens de tout, tu me voulais tout le temps, et chaque jour tout devenait plus doux, il y avait de la tendresse dans tes yeux, la paix, l'amour, de la brillance dans les yeux, nous avons eu dans cette rencontre beaucoup de passion, je crois que chaque jour, il y a plus de tendresse pour toi, de compréhension et d'attention et de désir, de désir d'être près de toi, proche de toi, ensemble et d'être les personnes les plus proches et les plus heureuses.

Tes yeux me manquent.

Tes lèvres me manquent.

Ton âme me manque.

Mon cœur est en mal de tes douces paroles.

Je veux juste profiter de tes mots.

Мы очень сильно соскучились друг по другу!

Я думаю в данный период времени, мы оба не можем жить друг без друга.

Мне очень всё понравилось в тебе!

У тебя столько доброты и нежности!

Я тебя никогда не хочу терять.

Ты единственный светлый и теплый лучик надежды и любви в моей жизни.

Я не представляю жизни без тебя.

Nous, nous languissons beaucoup l'un sans l'autre.

Je pense qu'en ce moment nous ne pouvons pas vivre l'un sans l'autre.

J'aime tout en toi !

Combien il y a de douceur et de tendresse en toi.

Je ne veux jamais te perdre.

Tu es le seul rayon de lumière chaude et d'espoir et d''amour dans ma vie.

Je ne peux pas imaginer ma vie sans toi.

Хочу, целоватьтебя, слышать как стучит твоё сердце.

Все так, потому что с тобой все очень искренне взаимно, мы и правда очень нежная душевная хорошая пара...умеющие чувствовать друг друга душой и получать удовольствие отдаваясь друг другу полностью.

С каждым днем моя нежность к тебе все более нежная.

Внутри меня горит желание к тебе.

Частичка твоей души во мне.

Спасибо за то что ты есть, спасибо за твою душевность и твою светлую душу.

Искренне спасибо. Я чувствую тебя за километры и знаю, что ты думаешь обо мне сейчас!

Ты рядом, даже если не со мной!

Ты глубоко в моей душе. Ты можешь ничего не говорить.

Я слышу каждый до единого ответы и молчание.

То что мы говорим- ты и я, ничто, по сравнению с тем, что мы чувствуем.

Однажды, к нам приходит человек, который бесшумно открывает запертые двери души своим ключом.

Je veux t'embrasser, et entendre comment bat ton cœur.

Tout est ainsi, avec toi tu es sincère et réciproque, nous sommes réellement un couple sensuel, tendre et bon, capable de ressentir mutuellement l'âme et obtenir du plaisir et se donnant totalement avec réciprocité.

Chaque jour, ma tendresse pour toi est plus délicate.

A l'intérieur de moi brûle le désir pour toi.

Une partie de ton âme en moi.

Je te remercie de ce que tu es, je te remercie de ta sincérité et de ton âme lumineuse.

Je te remercie sincèrement. Je te sens à des kilomètres, je sais ce que tu penses de moi maintenant !

Tu es à côté, même si tu n'es pas avec moi.

Tu es au fond de mon âme. Tu peux ne rien dire.

J'entends chaque réponse et silence.

Ce que nous disons toi et moi n'est rien en comparaison avec ce que nous ressentons.

Un jour, nous arrive la personne qui ouvre silencieusement les portes verrouillées de l'âme avec sa clé.

Я хочу с тобой красивой, нежной любви.

Чтобы душа чувствовала и радовалась!

Будет приятно каждый день в тебя влюбляться всё больше и больше.

Я тогда ещё не знал, что у нас с тобой будет так много нежности, желания и любви друг к другу.

С годами все больше и больше.

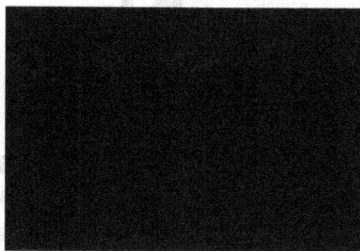

Je veux avec toi un bel et tendre amour.

Pour que l'âme se sente heureuse !

Ce serait très agréable chaque jour d'être avec toi de plus en plus amoureusement.

Auparavant, je ne savais pas, qu'il y aurait entre nous avec toi tant de tendresse, de désir et d'amour l'un pour l'autre.

Avec les années de plus en plus.

Ты знаешь, как я по тебе теперь скучаю каждый день?

Хочется всегда быть с тобой и не расставаться.

Так тебя не хватает рядом.

Рядом, потому что мы так чувствуем друг друга.

Мы нашли друг в друге то, что нам приятно обоим.

Мы с тобой в гармоничных отношениях.

Tu sais combien tu me manques maintenant tous les jours ?

Je voudrais toujours être avec toi et ne jamais nous séparer.

Pour que tu ne me manque pas à mes côtés.

A côté, pour ce que nous ressentons l'un pour l'autre.

Nous nous sommes trouvés l'un dans l'autre ce qui est plaisant pour les deux la fois fois.

Nous sommes avec toi dans une relation harmonieuse.

Так приятны наши нежные вечера с тобой.

Словно бальзам для души и тел.

Словно наши судьбы, нежность, ожидание и желание все переплелось и соединилось!

Знаешь, я с каждым днем чувствую в себе всё больше нежности к тебе.

Твоя душа ранее не видела и не ощущала такой редкой душевной нежности.

De si agréables et douces soirées avec toi.

Comme un baume pour le corps et l'âme.

Notre destin, la tendresse, l'attente et le désir tous étroitement liés et connectés !

Tu sais, chaque jour, je ressens de plus en plus de tendresse en moi a ton égard.

Ton âme n'a jamais vu par le passé une tendresse aussi sincère.

Я никогда не думал ранее, что в позднем возрасте может быть такое нежное душевное влечение друг к другу, как у нас с тобой.

Оказывается это так приятно.

А хорошие люди ждут своего долго.

Дождавшись, ценят своё счастье больше всех.

Я буду ждать тебя.

Je n'ai jamais pensé auparavant, que dans notre age il puise être un si tendre attrait si émotionnel et délicat de l'un pour l'autre, comme nous avons avec toi.

Ceci est tellement agréable.

Et les bonnes personnes attendent longtemps.

Après avoir attendu, ils valorisent leur bonheur plus que quiconque.

Je t'attendrai.

Эти дни, когда будем вместе, будут только для нас и мы подарим друг другу всё лучшее, что есть в нас.

Мы будем с тобой муж и жена, счастливые и любящие!

Наверное это Божий дар, так чувствовать и желать друг друга, как мы с тобой.

Наши с тобой чувства проверены годами.

Всё было постепенно и сильнее и приятнее с каждым годом.

Ces jours ci quand nous serons ensemble, que ce soit pour nous, et nous donnerons l'un à l'autre tout ce qu'il y a de meileur en nous.

Nous serons avec toi mari et femme, heureux et aimants !

Apparament c'est un cadeau de Dieu de nous ressentir et désirer l'un et l'autre, comme cela est le cas entre nous avec toi.

Avec toi nous avons testé nos sentiments pendant des années.

Cela a été progréssivement de plus en plus fort et avec plus de plaisir chaque année.

Мы с тобой становимся старше и все более для нас становится важным чувствовать душевность, нежность.

Ощущать преданность и взаимность друг друга.

Да, на всё Воля Божия.

Господь даёт встречи. Всё он дает, Творец наш.

Все принимаю близко к сердцу, всё пропускаю через сердце!

Мы живем друг другом. Наши судьбы и сердца соединились.

Moi avec toi vieillissons et il est de plus en plus important pour nous de ressentir la spiritualité de l'âme, la tendresse.

Sentir loyauté et réciprocité l'un envers l'autre.

Oui, tout est dans la Volonté de Dieu.

Le Seigneur donne la réunion.

Il donne tout, notre Créateur. Tout vient du cœur, tout passé à travers le cœur.

Nous vivons l'un pour l'autre. Notre destin unit nos cœurs.

Твое сердце ! Это самый драгоценный дар, который я когда-либо хотел. Сердце мое, ты вполне реальная женщина моей мечты.

Хорошо, когда в жизни есть человек, который думает о тебе.

Мы наши с тобой чувства проверяли много лет и поняли, что не можем друг без друга.

Мы с тобой очень нежная пара.

Я люблю нашу с тобой нежность и душевность.

Ton cœur ! Est le don le plus précieux, que j'ai toujours voulu tout au long de ma vie. Mon cœur, tu es la femme très réelle de mes rêves.

Comme il est bon dans la vie quand une personne pense à toi.

Nous avons trouvé avec toi et constaté nos sentiments, éprouvé durant de nombreuses années et compris que nous ne pouvons pas être l'un sans l'autre.

Nous sommes tous les deux un couple très doux.

Et j'aime avec toi notre tendresse et notre affection.

Я тебя никому не отдам. Я проникну к тебе глубоко в душу и буду всегда там.

Я чувствовал, твоя душа была больна и постепенно она выздоравливала с моей любовью к тебе.

Я думаю, что когда мы здесь увидели друг друга в первый раз, наши души уже были сразу вместе.

Я чувствую, когда мы думаем друг о друге, дверь души открыта. Мы сейчас живем друг для друга.

Я тебя люблю. Не забуду никогда. Ты у меня одна и всегда так будет.

Je ne te donnerai à personne. Je me faufile en toi profondément dans ton âme et serai toujours là.

Je sentais que ton âme était malade et peu à peu elle a récupéré avec mon amour pour toi.

Je pense que quand nous nous sommes vus ici pour la première fois ici l'un l'autre, nos âmes étaient immédiatement ensemble.

Je ressens quand nous pensons l'un à l'autre, la porte de l'âme est ouverte. Désormais nous vivons l'un pour l'autre.

Je t'aime. Je ne t'oublierai jamais. Tu es pour moi unique et cela sera ainsi pour toujours.

Ты почувствуешь мою приятную энергетику.

В то время, когда я буду одевать тебе кольцо, я отдам тебе свою душу.

Я буду твоим ангелом хранителем.

Тебе будет спокойно и нежно, когда ты будешь думать обо мне.

Я с удовольствием и со слезами на глазах одену тебе на пальчик это кольцо.

Ты почувствуешь мою любовь, мою душевность и преданность тебе навсегда.

Tu ressens mon agréable énergie.

A ce moment-là, quand je te donnerai un anneau, je te donnerai mon âme.

Je serai ton ange gardien.

Ce sera calme et doux quand tu penseras à moi.

Avec plaisir et avec des larmes dans mes yeux je place à ton doigt cette bague.

Tu ressens mon amour, mon âme, et mon dévouement pour toi pour toujours.

Иногда мы и сами не знаем, почему именно к этому человеку испытываем притяжение.

Мы ответственны не только перед Богом, но и перед сердцами, в которые посмели войти.

Да, каждый день все сильнее и сильнее.

Я даже боюсь подумать, когда останется совсем немного до встречи.

Встречи с огромным взаимным желанием, встречи двух душ.

Parfois nous ne savons pas nous-mêmes, pourquoi nous avons, et ressentons pour cette personne une attraction.

Nous en sommes responsables non seulement devant Dieu, mais aussi devant les cœurs dans lesquels on ose entrer.

Oui chaque jour tout est de plus en plus fort.

J'ai même peur de penser, quand il restera à peine un peu de temps avant la rencontre.

Rencontres avec un désir mutuel énorme, rencontres de deux âmes.

У всех вторых половинок есть свои недостатки.

Все же главное должно быть у каждого человека.

Вторых половинок, я не знаю, много это или мало.

Я чувствую рядом с тобой покой, счастье, нежность, любовь, желание, и еще много приятных чувств.

Мне не нужно никого уже искать. Я нашел тебя и в тебе есть всё, что нужно для меня и моей души и тела.

Мы с тобой две нежные души, уже вместе.

Когда две души находят друг друга, то они навсегда вместе.

Toutes les secondes moitiés ont leurs inconvénients.

Tout le principal doit être dans chaque personne.

Secondes moitiés, je ne sais pas si c'est peu ou beaucoup.

Je ressens à tes côtés, sérénité, bonheur, tendresse, amour, désir, et encore beaucoup d'agréables sentiments.

Je n'ai déjà pas besoin de chercher quelqu'un d'autre. Je t'ai trouvée, et en toi il y a tout pour moi et mon âme et pour mon corps.

Nous avec toi sommes deux âmes tendres déjà ensemble.

Quand deux âmes se trouvent l'une l'autre, elles restent ensemble pour toujours.

Знаю одно-любовь искать не надо, она приходит вдруг, когда ты сам и не ждёшь уже.

Любовь приходит, когда ее совсем не ждешь.

И такой нежности, как между нами тоже не было никогда ранее в моей жизни.

Любовь -это непредсказуемая вещь

Теперь эта вся нежность приобрела в моих глазах новую благодарность.

Больше времени было бы друг для друга, принадлежать и никуда не спешить и не уезжать, а всегда быть рядом, каждую ночь чувствовать тебя рядом, чувствовать душой.

И – Боже! – какаянежность – между нами.

Je sais une chose, il n'est pas nécessaire de rechercher l'amour, il vient tout à coup quand tu ne l'attends déjà plus.

L'amour vient quand tu ne l'attends pas.

Et cette tendresse entre nous comme elle n'a jamais été auparavant dans ma vie.

L'amour est une chose imprévisible.

Désormais toute cette tendresse a acquis à mes yeux une nouvelle base de reconnaissance.

Nous avions plus de temps l'un pour l'autre, s'appartenir sans hâte et ne jamais partir, et toujours être à côté, chaque nuit, te sentir à mes côtés, ressentir ton âme.

Et Dieu ! Quelle tendresse il y a entre nous.

Сердце, оно подскажет правду, ведь сердце, никогда не обманывает!

И никогда любить не перестанет.

Это большой соблазн.

Ищите женщину уникальную. Из глубины души, если точнее выразиться.

И говорите за себя :

Я счастлив, что в моей жизни была такая страница.

Она до сих пор занимает первое место в моей жизни.

Могу сказать, что это для меня было истинным счастьем.

Мысли бесконечны, из неё струятся нежности твои. Просто я пишу То - Что думаю. То - Что у меня на душе. Потому что ты наполнил мою жизнь.

∎

Le cœur te dira la vérité il ne s'est jamais trompé !

Et jamais l'amour ne s'arrêtera pas.

C'est une grande tentation.

Cherchez une femme unique. Du fond de l'âme pour être plus précis.

Et dites-vous à vous-même :

Je suis heureux qu'une telle page ait été dans ma vie.

Elle occupe toujours la première place dans ma vie.

Je peux dire que c'était un véritable bonheur pour moi.

Les pensées sont infinies, ta tendresse en découle. Je viens d'écrire que ce que je pense, ce qui est dans mon âme. Parce que tu as rempli ma vie.

На самом деле, так редко можно встретить человека, с которым хорошо во всех смыслах. Слушать, смотреть, даже просто молчать. К которому не страшно повернуться спиной и понимать - удара не будет. С которым легко и просто, и не нужно изображать из себя непонятно что. Когда можно быть самим собой и понимать, что это чувство взаимно. Такие люди приходят в нашу жизнь крайне редко и от того они ценнее и поэтому так больно и страшно терять таких людей. Судьба порою играет с нами в жестокие игры, посылая нам таких людей, а потом отнимая. Давая тем самым понять, что ничего не вечно в этом мире.

Цените и дорожите человеком, если судьба сделала Вам такой подарок, постарайтесь сделать всё возможное, чтобы не потерять это счастье.

Не привязывайтесь к мыслям, погрузитесь в ощущения...

En fait, il est rarement possible de rencontrer une personne avec qui il est bon dans tous les sens. Écoute, regarde, même juste silencieux. Pour lequel il n'est pas terrible de tourner le dos et de comprendre - il n'y aura pas de coup. Avec ce qui est facile et simple, et n'a pas besoin de prétendre être de lui-même, ce n'est pas clair. Quand vous pouvez être vous-même et comprendre que ce sentiment est réciproque. De telles personnes viennent très rarement dans nos vies et, à cause de cela, elles ont plus de valeur et, par conséquent, il est si douloureux et effrayant de perdre de telles personnes. Le destin joue parfois avec nous à des jeux cruels, nous envoie de telles personnes, puis nous les enlève. Donnant ainsi à comprendre que rien n'est pour toujours dans ce monde.

Appréciez et chérissez la personne, si le destin vous a fait un tel cadeau, essayez de faire tout votre possible pour ne pas perdre ce bonheur.

Ne vous attachez pas aux pensées, plongez dans des sensations ...

Если души светлые, то счастье и чувства настоящие искренние

Трудно жить нам с такой нежностью и душевностью когда мы далеко не вместе

Неважно сколько шрамов и рубцов

Тела, сердца и души увенчали.

Я душу распахнул.

Я люблю тебя так, как никто никогда тебя не любила ранее.

Si l'âme est brillante, alors le bonheur et les sentiments sont vrais
Il est difficile pour nous de vivre avec tant de tendresse et de sincérité quand on est loin, pas ensemble.

Peu importe combien de cicatrices et de traces

Corps, cœur et âme couronnés.

J'ai ouvert mon âme.

Je t'aime comme jamais personne ne t'a aimée auparavant.

Я чувствую мы с тобой очень часто вспоминаем все приятные моменты проведенные вместе, так много было всего нежного близкого и приятного, хочется еще, ведь правда?

Мы думаем друг о друге стали чуть молчаливее, наверное скучаем, возможно мечтаем.

Хочется прикоснуться к тебе своим дыханием касанием нежностью.

Потребность счастья кажется мне самым благородным стремлением человеческого сердца.

На мой взгляд, все им оправдано.

Только было бы это сердце чистым

Я к тебе с чистым сердцем и благодарной открытой душой, я твой.

■

Je pense que toi et moi nous souvenons très souvent de tous les moments agréables passés ensemble, il y avait tellement de choses délicates, intimes et agréables, j'en veux encore, est-ce vraiment la vérité ?

Nous pensons l'un à l'autre, nous sommes devenus un peu plus silencieux, nous manquons probablement, peut-être rêvons-nous.

Je veux te toucher avec mon souffle et une touche de tendresse.

Le besoin de bonheur me semble le plus noble désir du cœur humain. À mon avis, il justifie tout. Seul ce cœur serait pur Je suis avec toi d'un cœur pur et d'une âme ouverte reconnaissante, je suis tien.

Уже можно сказать мы одно целое.

С тобой никогда не хочется расставаться даже на миг.

Это был словно медовый месяц нежные любящие и счастливые.

Твоя душа будет всегда со мной.

Мы сохраним свою любовь и в совместной жизни

Ты постоянно в моих мыслях и днем и ночью.

Nous pouvons déjà dire nous sommes un.

Je ne veux jamais me séparer d'avec toi même pour un instant.

Ce fut comme une lune de miel tendre aimante et heureuse.

Ton âme sera toujours avec moi.

Nous garderons notre amour dans une vie commune.

Tu es constamment dans mes pensées jour et nuit.

Как быстро летит время. Душевное тепло около тебе и во тебе.

Я думаю ты чувствуешь, что так как я тебя люблю, никто ранее тебя так нежно искренне не любила, я открываю и отдаю тебе свою душу в отношениях с тобой.

С возрастом мы понимаем и чувствуем, что для нас в жизни важно и кто хочется настоящего и искреннего.

Я чувствую твою искренность, особенно когда мы рядом. С тобой рядом жизнь очень спокойная, мы понимаем друг друга даже без слов.

После встреч с тобой я стал чувствовать понимать тебя и знать твои интересы и желания.

Становишься чище, душевнее.

A quelle vitesse passe le temps. Une chaleur spirituelle à tes côtés et en toi.

Je pense que tu ressens que comme je t'aime, personne auparavant ne t'a si sincèrement aimée, j'ouvre mon âme et je te donne mon âme dans les relations avec toi.

Avec l'âge, nous comprenons et ressentons qui pour nous dans la vie est important et qui nous voulons de réellement et sincèrement.

Je ressens votre sincérité, surtout quand nous sommes proches. Avec toi près de la vie est très calme, on se comprend même sans mots.

Après t'avoir rencontrée, j'ai commencé à sentir que je te comprenais et que vous connais tes intérêts et tes désirs.

Devenons plus honnêtes, plus spirituels.

Может быть, самое трудное и высокое искусство жизни – не утрачивать никогда человека, который вошёл как радость в твою судьбу, не обрывать диалог на полусчастье, на полуслове. Нет больше ценности, чем ценность человеческих уз.

Такие отношения учат быть настояшими, искренними учат не обижаться, ценить друг друга принимать человека таким как он есть.

Человек ценен, когда его слова совпадают с его действиями.

Ты очень все изменения, в твоей жизни хорошие и плохие глубоко переживаешь в душе, ты переживаешь за меня.

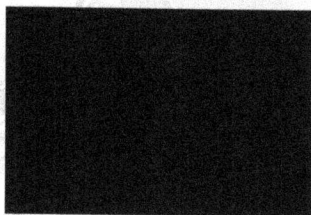

Peut-être que l'apprentissage le plus difficile et le plus noble de la vie est de ne jamais perdre une personne qui est entrée avec joie dans ton destin, ne romps pas le dialogue pour un demi-bonheur, et un demi-mot. Il n'y a pas plus de valeur que la valeur des liens humains.

On apprend à ces relations à être réelles, sincères elles enseignent à ne pas s'offusquer, à s'apprécier les unes les autres à accepter une personne telle qu'elle est.

Une personne a de la valeur lorsque ses paroles coïncident avec ses actions.

Toutes les modifications dans ta vient bonnes et mauvaises inquiètent ton âme, tu t'inquiètes pour moi.

Ты просто Невероятно Красивая.

Все глубже проникаем в душу.

Любимых чувствуют душой.

Их не встречают в жизни дважды.
Им просто вместе хорошо,
А расстояние не важно.

А вот мечтать надо осторожно - говорят, что мечты
сбываются.

А почему мечтать осторожно?

Пусть сбываются!

Чтобы чувствовать себя счастливыми, нам довольно быть с
теми, кого мы любим.

Tu es juste incroyablement belle.

Nous entrons plus profondément dans l'âme.

Les amoureux ressentent leurs âmes.

Elles ne se rencontrent pas deux fois dans la vie.

Elles sont simplement bien ensemble.

Et la distance n'a pas d'importance.

Mais vous devez rêver avec soin - ils disent que les rêves
deviennent réalité.

Pourquoi rêver soigneusement ?

Laissez-le se réaliser !

Pour être soi-même heureux, nous devons être avec ceux que
nous aimons.

Цените верность!

Это самое драгоценное качество в любви, дружбе и в жизни.Верность в течение всей жизни — это тот идеал, к которому необходимо стремиться.

В наше непростое время, постоянство — на вес золота.

Мы ищем родственную душу всегда и везде, даже если сами этого порой не осознаем, все мы ищем душевное родство, даже если существование души не верим.

Если вы друг друга обрели, это настоящий подарок небес, не потеряйте то, что даровано вам.

Берегите друг друга и вашу любовь.

Не разрушайте то хрупкое, редкое и великое чувство, которое суждено вам.

Когда любишь по-настоящему, быть верным это не жертва, а большое счастье.

Потому что все, что ты делаешь, состоит из любви и для любви.

Главное в жизни иметь того человека, который держа тебя за руку, пройдет с тобой всю жизнь!

Какая бы она не была!

Appréciez la fidélité !

C'est la qualité la plus précieuse en amour, en amitié et dans la vie.

La loyauté tout au long de la vie est l'idéal auquel il faut s'efforcer. Dans nos moments difficiles, la consistance vaut son pesant d'or.

Nous sommes à la recherche d'une âme sœur, toujours et partout, même si parfois on ne s'en rend pas compte soi-même, que nous sommes tous à la recherche de la parenté spirituelle, même si on ne croit pas à l'existence de l'âme.

Si vous vous êtes trouvés l'un l'autre, c'est un vrai cadeau du ciel, ne perdez pas ce qui vous est donné.

Prenez soin de vous et de votre amour.

Ne détruisez pas ce sentiment fragile, rare et formidable qui vous est destiné.

Quand tu aimes vraiment, être fidèle n'est pas un sacrifice, mais un grand bonheur.

Car tout ce que tu fais provient de l'amour pour l'amour.

Le principal dans la vie est que cette personne qui vous tient la main passe avec vous toute votre vie !

Quelle qu'elle soit !

У меня такие ощущения, что я знаю тебя уже давно.

Я верю в молчаливое согласие двоих людей быть друг у друга даже в самые тёмные времена.

И мне всегда будет дорога та рука, что сжимала мою ладонь и тогда, когда у меня не было сил ответить тем же.

Любимый человек - это тот, кто будет рядом в самые трудные моменты и не откажется от тебя, даже, если от тебя отвернется весь мир.

У меня те же мысли, не перестаю удивляться, какие бывают совпадения душ и внутреннего содержания.

Никто к нам не приходит в жизнь случайно, кто истинный - останется с тобой.

J'ai une telle sensation que je te connais déjà depuis longtemps.

Je crois au consentement tacite de deux personnes qui se rencontrent l'une l'autre, même dans les moments les plus sombres.

Et sera toujours chère la main qui serrait la main même quand je n'avais pas la force de répondre de la même façon.

Un être cher est celui qui sera là aux moments les plus difficiles et ne t'abandonnera pas, même si le monde entier se détourne de toi.

J'ai les mêmes pensées, je ne cesse jamais de me demander quel genre de d'âmes coïncident et quels contenus intérieurs elles ont.

Personne ne vient à la vie par hasard, qui est sincère, restera avec toi.

Это всегданеобъяснимая тяга твоей души к душе другого человека. Дороже всех прикосновений - прикосновение души.

Любовь смотрит не глазами она смотрит душой и сердцем с годами все по другому, обостренные чувства, умудренные опытом

Женщина всегда любит только своей Душой.

Именно у женской Души есть абсолютно все

Это главное- полное взаимопонимание)

Буду смотреть, улыбаясь долго в твои глазах.

Может однажды встречались н аши с тобой сердца. Иногда я ловлю себя на мыслях- что где- то мы были знакомы в прошлой жизни.

■

Il y a toujours un besoin inexplicable de votre âme à l'âme d'une autre personne. Le plus cher que tous les touchers, le toucher de l'âme.

L'amour ne regarde pas avec les yeux, elle regarde avec son cœur et son âme au fil des ans, tout est différent, des sentiments aigus, l'apprentissage de la sagesse.

Une femme aime toujours seulement avec son âme.

C'est l'âme féminine qui détient absolument tout.

Ceci est la chose principale, une compréhension complète.

En souriant je regarderai longuement dans tes yeux. Peut-être qu'une fois nos cœurs se sont rencontrés. Parfois, je me surprends à penser que quelque part nous étions familiers dans une vie passée.

Все начинается со взгляда.

Всегда.

С. Есенин

Tout commence toujours par un regard

Toujours

C. Esenin

Автор, книжный редактор, издательство

ISBN 979-10-97252-11-3

90000

9 791097 252113

www.ingramcontent.com/pod-product-compliance
Lightning Source LLC
Chambersburg PA
CBHW030519100426
42813CB00001B/93